语言艺术
素质测评教程（第5册）

（适合三年级儿童阅读）

中国传媒大学凤凰学院 编著

中国传媒大学出版社
·北京·

从娃娃抓起，创造动听的语言世界

“含英咀华，榴齿含香”，在中华民族琳琅满目的文化艺术中，语言艺术是其中最为璀璨的星光之一，从第一首儿歌开始，语言艺术就如影随形，紧紧地伴随在孩子成长的道路上。

语言艺术是一门独特的声音艺术，它能够将古今中外优秀的文学作品用声音进行艺术化的呈现；能够让一个个活泼可爱的动画形象活灵活现地跳跃在屏幕上；也是因为声音的魅力，让我们记住了孙敬修爷爷、康瑛老师、小叮当、小喇叭、邮递员叔叔……语言艺术的世界，是一个丰富多彩、充满创造力的世界，在这里孩子们可以自如地用语言来表达情感、感悟世界、展示自我。更为重要的是，语言艺术的学习和训练，能够提高孩子的综合素质，让孩子更加自信地走向广阔的大千世界！

语言艺术素质需要专业的训练和长期的培养，中国传媒大学凤凰学院组织的这套教材结构编排科学、系统，根据孩子的接受能力由易到难，进行语言艺术基础的专业训练和语言素质的全面提升。教材中包括绕口令、小快板、古诗词、现代诗、散文、小故事、台词配音、新闻通讯等多种文体，还有训练孩子语言逻辑思维能力的即兴评述、主持演讲等。每一训练材料后面都有教学重点和语言指导，方便老师教学、家长指点和孩子们自行练习。

通过这套教材，孩子们可以提升以下三个重要的能力：

第一，规范现代汉语普通话的运用。我国地大物博，语言文化丰富多彩，有些方言和汉语普通话相去甚远。在本套教材的语言艺术学习中，汉语普通话的规范发音是训练的基础。教材中很多地方专门针对容易犯错的发音进行了特别的提醒，可帮助不同地域的学生学习规范的普通话。另外，四声的变调、语气词的多种发音和多音字在教材中也有专门的练习，可较为全面地帮助孩子规范汉语普通话的表达与应用。

第二，诵读经典，加强中国传统文化学习。教材中的训练材料，选取的是《论语》《三字经》《弟子规》等中华传统文化经典，还有著名的散文、古代诗、现代诗等。通过这些经典的朗读背诵、深入解析，能够让孩子更为深刻地理解中华文化，这一点，是难能可贵的。

第三，提升孩子的语言艺术素质。语言艺术素质，是孩子综合素质的重要方面之一。语言表达能力强的孩子，能够更好地与人交往，能够更清晰地表达自己的想法，能够更全面地展示自己的优势，对孩子一生的学习、生活和工作都有益处。

从专业领域来说，中国传媒大学是我国语言艺术的摇篮，培养了铁成、虹云、雅坤、常亮、李修平、刘纯燕、敬一丹、白岩松、崔永元、欧阳夏丹等诸多优秀的播音员、主持人。中国传媒大学凤凰学院远见卓识，以教学总监张文星教授为学术带头人，从娃娃抓起，从“童子功”开始，将语言艺术人才培养提前了十五年！可以说，为我们语言艺术领域挖掘人才、培养人才作出了卓越的贡献！我作为老一代的语言艺术工作者，最欣慰的无非是看见毕生从事的事业后继有人，语言艺术行业能够人才辈出、蓬勃发展、蒸蒸日上！

希望孩子们能够勤学苦练，学而有成，让语言的魅力紧紧地伴随在他们的成才之路上；希望老师们能够知无不言、言无不尽，耐心教导，将更多的好苗子带到语言艺术的舞台上，指引他们攀登更高的艺术山峰；更希望家长们，能够尽早发现孩子的天赋，为他们搭建实现理想的天梯，在孩子遇到困难的时候鼓励他们，在孩子取得成绩的时候提醒他们，为孩子的理想之路保驾护航！

“海阔凭鱼跃，天高任鸟飞”，语言艺术事业需要一代一代优秀的接班人，孩子们也需要通过语言艺术素质的提高为自己的事业大厦添砖加瓦，愿孩子们能够从小立志，勇于攀登，推动我们的语言艺术事业蒸蒸日上，走向新的繁荣！

方明

二〇一五年十一月廿六日

前 言

中国语言艺术源远流长，唐代李白《游太山》诗之四云："清斋三千日，裂素写道经。吟诵有所得，众神卫我形。"《晋书·儒林传·徐苗》中曰："苗少家贫，昼执锄耒，夜则吟诵。"可见，用语言来表达文学艺术之美自古便有，且影响广泛。近代以来，随着中西文化的深入交融，戏剧、现代诗歌的传入以及后来此类艺术的本土化，更是极大地丰富了我国语言艺术的内容与表现形式。

语言艺术，是一门独特的艺术形式，有特定的规律和训练方法，其吐字发音、唇舌力度、气息控制等专业技巧需要多年的训练和积累才能达到技艺精湛的程度。语言艺术素质，是指在语言艺术的技艺要求之上，增加对语言表达能力、语言思辨能力的要求，以及通过语言艺术的学习和训练能够提高自身的沟通协调能力，提高学生的综合素质。

本套教材，囊括学龄前、幼儿至青少年的语言艺术专业训练，意在实现三重目标：

首先，打好语言艺术基础，由易到难、循序渐进。通过科学的步骤和全面的训练，高标准严要求，逐步达到播音主持、影视配音等语言艺术专业人员的业务要求。

其次，提高学生的语言艺术综合素质。在学习过程中，由表及里、融会贯通，将语言表达技巧、语言思维训练与文学文化水平的内化提升相结合，提升青少年阅读写作、表演表达、乐感乐理、逻辑思辨、形体气质等综合素质。

最后，养成坚定的意志和良好的习惯。学习的过程本身就是磨炼意志的过程。“学艺之道无他，锻炼意志第一”，通向艺术的大道上荆棘丛生，能够排除万难、坚持不懈并取得一定的成绩，这个过程，对于孩子的成长和成才是最为宝贵的。

基于此，本套教材共分为十二册，其中第一、二册主要针对学龄前儿童，以绕口令、小快板、儿童诗为主，主要培养孩子对语言艺术的兴趣，养成正确的语言习惯。

第三册到第八册针对小学生。小学阶段，是孩子打下语言艺术基础、激发孩子语言艺术潜力的关键时期，从小学一年级开始每个年级对应一册，和语文课堂教学遥相呼应，将拼音学习与语言发声相结合，夯实孩子语言艺术的专业基础，用绕口令、小快板巩固孩子的发声发音训练。与此同时，古诗、现代诗的朗诵练习，可增强孩子的文学理解与表达能力，也可扩展孩子的阅读、背诵范围。

第九、十两册主要针对初中阶段学生。这两册加大了语言表达训练的难度和要求，并将新闻播音作为学习和训练内容之一。

第十一、十二册两册主要针对高中阶段学生。新闻播音、节目主持、即兴评述等训练占整体内容的三分之二，着重锻炼孩子认识问题、分析问题的思辨能力和语言逻辑能力，同时为立志从事语言艺术行业的学生提供专业、实用、有效的训练和指导。

本套教材中有大量的语言指导和名家示范，旨在为孩子们的语言艺术学习提供规范、严谨和高水平的专业指导。

正所谓“古人学问无遗力，少壮工夫老始成”，“苟日新，日日新，又日新”，要想在一个领域有所建树，唯有少年立志，持之以恒、勤学苦练！希望本套教材能够帮助学生提升语言艺术的综合素质，为理想插上放飞的翅膀！

目
录

第一章　语音发声

吐字在语言艺术创作中占有举足轻重的地位。一个人情感表达能力再强，如果吐字含混不清，表达出来的效果也会大打折扣。掌握正确的吐字方法，达到吐字清晰准确、圆润集中和富于变化，更完美地表达出语言所蕴含的信息、情感和魅力，是我们学习和训练的目标。

按照播音主持专业对吐字的要求，可以将其归纳为以下五个方面内容：准确、清晰、圆润、集中、流畅。

准确，是指字音准确、规范。它包括发音部位、发音方法的准确，唇形、舌位的准确，字调、语调的规范，等等。

清晰，是指字音清晰。例如我们发z、c、s和zh、ch、sh的音时，如果发音部位不正确就会导致杂音、噪音出现，从而影响整个吐字效果。

圆润，是指在吐字过程中，使语音听起来悦耳动听。京剧艺术要求演员吐字如珠、字正腔圆；播音主持专业对吐字有更严格的要求。

集中，是指声音集中。声音集中了，说话才会不费力，而且容易达到清晰的效果。它与唇舌力量的集中有着密不可分的关系。

流畅，是指说出的话像流水一样顺畅，也可以说语流就像一条上下抖动起来的绳子，连贯地前行。这就要求我们在表达过程中注意音节与音节之间要过渡流畅，不可以蹦字。

综上要求，我们需要做到咬字器官配合默契，吐字过程准确，唇舌力量集中。

一、咬字器官

我们的咬字器官包括：上唇、下唇、舌、上齿、下齿、上齿龈、下齿龈、上腭、下腭。其中舌包括舌尖、舌叶、舌面、舌根；上腭包括硬腭、软腭。具体位置如下图：

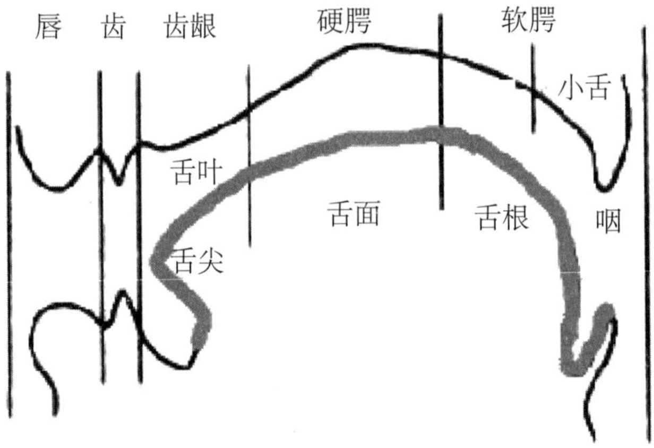

我们可以将吐字的过程简单概括为，由肺呼出气流通过声带发出声音，经过咽到达口腔，在口腔内受到咬字器官的节制而形成字音。其中唇和舌在形成字音的过程中动作最积极。明确了咬字器官之后，我们对之前所讲授的声母、韵母发音位置和方法就能更准确地进行掌握了。

二、吐字归音

吐字归音是语言艺术中的一个基本要求，也是播音员主持人需要灵活掌握的基本功。吐字归音的过程是在一个音节中体现出来的，所以我们首先要明确音节的结构。

在汉语普通话中，一个字就是一个音节，一个音节由一个或几个拼音字母组成，这些拼音字母叫作音素。一般开头第一个音素是声母（没有声母的音节叫“零声母”音节，如“啊”“鹅”等）。紧跟其后的是韵母，韵母包括韵头、韵腹、韵尾三部分。因此，按照汉语音节的头腹尾说，一个音节又可分为字头、字腹、字尾。字头可以是声母，也可以是韵头；字腹是指韵腹；字尾是指韵尾。如下表所示：

<table>
<tr><td rowspan="3">类型</td><td rowspan="3">例字</td><td colspan="2">字头</td><td>字腹</td><td>字尾</td></tr>
<tr><td rowspan="2">声母</td><td colspan="3">韵母</td></tr>
<tr><td>韵头</td><td>韵腹</td><td>韵尾</td></tr>
<tr><td>头腹尾俱全</td><td>变（bian）</td><td>b</td><td>i</td><td>a</td><td>n</td></tr>
<tr><td>头腹尾俱全</td><td>班（ban）</td><td>b</td><td></td><td>a</td><td>n</td></tr>
<tr><td>头腹尾俱全</td><td>烟（yan）</td><td></td><td>i</td><td>a</td><td>n</td></tr>
<tr><td>无字头</td><td>安（an）</td><td></td><td></td><td>a</td><td>n</td></tr>
<tr><td>无字尾</td><td>别（bie）</td><td>b</td><td>i</td><td>e</td><td></td></tr>
<tr><td>无字尾</td><td>巴（ba）</td><td>b</td><td></td><td>a</td><td></td></tr>
<tr><td>无字头、字尾</td><td>阿（a）</td><td></td><td></td><td>a</td><td></td></tr>
</table>

吐字归音是使字音清楚、准确、完整、饱满的传统发音手段。吐字时，我们要对每个音节在发音过程中的不同阶段作不同的处理。吐字归音把对字头、字腹、字尾的处理叫作出字、立字、归音。要领如下：

1. 出字

出字是指吐字归音过程中对字头的处理。它要求做到字头出字有力，叼住弹出。“叼住”的意思是指声母发音时，要用“巧劲儿”，不能用“拙劲儿”。也就是说，声母发音部位的肌肉要巧妙用劲儿，需要哪里，哪里才用力，不能满嘴用力或不用力。比如发d音，发音前舌尖要顶住上齿龈，这时舌的力量需要马上集中到舌尖一点，用这一点去接触上齿龈，这样才能清晰、准确，否则会错误地出现“大舌头”音。出字叼住了才能弹出，只有出字有力，才能带动整个音节，使发音响亮、清晰。

2. 立字

立字是指吐字归音过程中对字腹的处理。它要求做到字腹吐字饱满，拉开立起。字腹也就是韵腹，是韵母中的主要元音（例如：ɑ、o、e、i、u、ü）。发这些音时，口腔开度相对最大，声音也最响亮。当字腹是i、u、ü等舌位较高的元音时，口腔开度也不能过小，否则声音会发暗，缺少圆润感。当元音ɑ作为字腹时，常见的问题是口腔打不开或舌位偏高，从而影响字音的饱满度和清晰度。

3. 归音

归音是指吐字归音过程中对字尾的处理。它要求做到字尾归音弱收到位，趋势鲜明。字尾在一个音节的发音过程中处于口腔由开渐闭、咬字器官肌肉由紧渐松的阶段。到位是指尾音应归到应该到达的位置。弱收是指字尾的发音减弱趋止的过程。但在趋止的过程中也要保持发音动作的完整，保持字音结束的鲜明趋向。

按照吐字归音的技巧，我们要做到字头有力、字腹饱满、字尾归音弱收到位。我们可以把吐字的过程想象成一个两头尖中间大的“枣核形”，如下图所示：

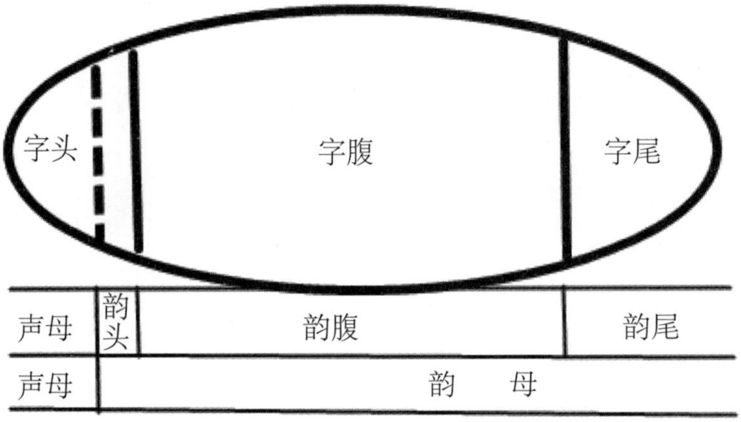

“枣核形”的说法体现了汉语语音发音吐字的特点。“枣核形”本身是一个整体，是咬字器官相互协调、在滑动中完成的发音过程，字头、字腹、字尾不能分开发音。对发音吐字来说“枣核形”是一个标准，但是在将来的语言表达中，还是要以情感、语流为主，不能为求“枣核形”的完整而破坏语言情感表达的自然、流畅。

拼读练习：

	qiā	xiá	liǎ	jià		
ia：	掐	霞	俩	架		
	qiāo	xiāo	liáo	jiāo		
iao：	敲	消	撩	交		
	bā	kā	hā	zhā	chā	shā
a：	八	喀	哈	渣	插	沙
	guā	kuǎ	huà	zhuā	shuā	
ua：	瓜	垮	画	抓	刷	
	guāi	kuài	huài	zhuài	chuāi	shuài
uai：	乖	快	坏	拽	揣	帅

uan：关 guān 宽 kuān 环 huán 赚 zhuàn 喘 chuǎn 涮 shuàn

uang：光 guāng 筐 kuāng 慌 huāng 装 zhuāng 窗 chuāng 霜 shuāng

三、咬字器官配合的要领

字音主要是由咬字器官相互配合发出的声音，因此我们要熟悉咬字器官并学会控制咬字器官。

咬字器官的相互配合有以下几个要领：

1. 打开口腔

打开口腔要有提起上腭的感觉，同时下腭放松，这样就可以适当加大口腔容积，为字音的拉开、立起创造条件。这个状态可以通过“提起颧肌，打开牙关，挺起软腭，放松下巴”来实现。

提起颧肌不是做微笑状，而是颧肌稍有紧张感就可以了。颧肌提起时，口腔前部及上腭顶部有展宽的感觉，鼻孔会略微张大；同时唇部，尤其上唇，会展开贴住上齿，使唇的运动有了依托，容易发挥力量。这个动作会对吐字清晰、明亮产生积极的影响。

打开牙关主要是指两侧上后槽牙保持向上提起的感觉。这样就可以加大口腔的开度，丰富共鸣。

挺起软腭是提起上腭后部的动作。它可以加大口腔后部的空间，同时减少鼻音色彩的出现。

如果下巴紧张，舌骨会向后上方移动，会使喉头上提，发声紧张吃力。因此，我们要适度放松下巴。

四音词练习：

lái lóng qù mài	lái rì fāng cháng	láng bèi bù kān
来龙去脉	来日方长	狼狈不堪
bāo luó wàn xiàng	yáng guāng dà dào	yào wǔ yáng wēi
包罗万象	阳光大道	耀武扬威
fàng hǔ guī shān	háo qíng zhuàng zhì	guǎng kāi yán lù
放虎归山	豪情壮志	广开言路
hào hào dàng dàng	lǎo shēng cháng tán	guāng míng lěi luò
浩浩荡荡	老生常谈	光明磊落

2. 力量集中

吐字的力量主要体现在唇舌的力量上。唇舌力量不集中会造成声音散、缺乏力度、字音含混不清等问题。

唇的力量要集中到唇的内缘、中央三分之一处，如下图所示。唇的力量分散是造成字音散的主要原因。

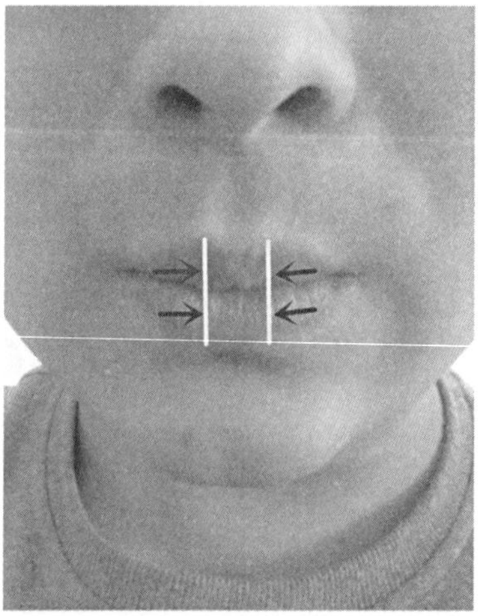

舌的力量集中，是指在发音过程中舌体要取收势，力量集中在舌的前后中纵线上。此外，舌与其他部位接触时，要呈点状接触，而不是片状接触，只有这样，声音才能集中。

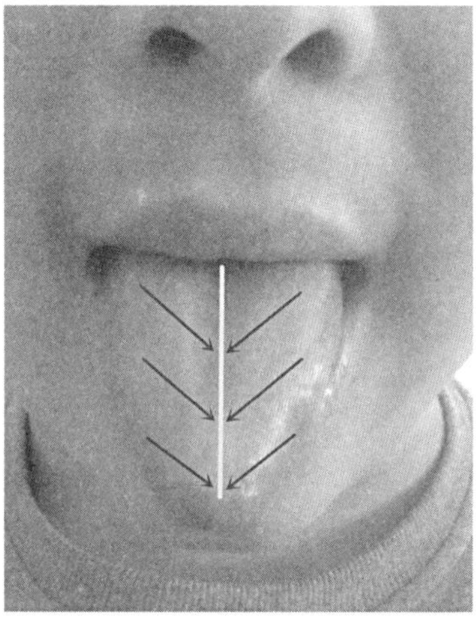

体会唇舌力量集中的朗读练习：

大海最显著的特征是广阔。一眼望去海天一色，没有丝毫界线。每到昼夜之交，便看到万般星辰升起颓落，普天之下，唯有头顶的苍穹可与之媲美。而她为何广阔？究其根本，乃是江河汇于海，湖川聚于海，“海纳百川，有容乃大”。

——节选自《井底之蛙》

有一天我放学回家，看到太阳快落山了，就下决心说：“我要比太阳更快回家。”我狂奔回去，站在庭院里喘气的时候，看到太阳还露着半边脸，我高兴地跳起来。那一天我跑赢了太阳。以后我常做这样的游戏，有时和太阳赛跑，有时和西北风比赛，有时一个暑假的作业，我十天就做完了。每一次比赛胜过时间，我就快乐得不知道怎么形容。

——节选自《和时间赛跑》

盘古倒下后，他的身体发生了巨大的变化。他呼出的气息，变成了四季的风和飘动的云；他发出的声音，化作了隆隆的雷声。他的双眼变成了太阳和月亮；他的四肢，变成大地上的东、西、南、北四极；他的肌肤，变成了辽阔的大地；他的血液，变成了奔流不息的江河；他的汗毛，变成了茂盛的花草树木；他的汗水，变成了滋润万物的雨露……人类的老祖宗盘古，用他的整个身体创造了美丽的宇宙。

——节选自《盘古开天地》

不久，天火熄灭了，洪水中的人们被救上来了。可是，天上的大窟窿还在冒火。女娲决定冒着生命危险，把天补上。于是，她跑到山上，寻找补天用的五彩石。她原以为这种石头很多，用不着费多大力气。可是，到山上一看，全是一些零零星星的小块。她忙了几天几夜，找到了红、黄、蓝、白四种颜色的石头，还缺少一种纯青石。于是，她又找啊找啊，终于在一眼清清的泉水中找到了。

——节选自《女娲补天》

第二章　绕口令和小快板

一、绕口令

1. 八百标兵

八百标兵

八百标兵奔北坡，炮兵并排北边跑。
炮兵怕把标兵碰，标兵怕碰炮兵炮。

教学重点

重点练习双唇音b、p的发音，注意出字要准确，避免吐字不清造成的声母混淆现象。

语言指导

b和p同属双唇爆破音，但b为不送气音，p为送气音。发这两个双唇音时嘴角不能咧开，也不能向内裹；应唇部收紧，接触有力，力量放在双唇中部。

补皮裤

2. 补皮裤

出南门，走十步，

拾了一条破皮裤。

皮裤破，补皮裤，

皮裤不破不必补皮裤。

教学重点

重点练习双唇音b和p的发音。出字时，声母成阻部位要准确，除阻要有力。

语言指导

要想发好双唇音就需要练习双唇的力度，出字要有力，且用力在声母上，因为一个字的发音是否准确，字头的发音是否到位是很重要的。发p音时注意控制气流，不能太大，否则在用话筒时会“扑话筒”。

3. 鼠吃豆和油

鼠吃豆和油

鼠咬豆囤囤漏豆，

鼠啃油篓篓漏油，

豆囤漏豆鼠啃豆，

油篓漏油鼠吸油。

教学重点

ou与iu（iou）的发音要领：发音时字腹要圆润、饱满，韵腹发得好了，字也就自然而然立住了；要保证发出的每一个音都为标准的“枣核形”。

语言指导

以绕口令中ou音为例，发此音时双唇拢成小圆形。ou音中虽然有o音，但由于受后面u音的影响，它比单元音o发音时的舌位要高。细心揣摩，尽量做到字正腔圆。

调到敌岛
打特盗

4. 调到敌岛打特盗

调到敌岛打特盗，

特盗太刁投短刀。

挡推顶打短刀掉，

踏盗得刀盗打倒。

教学重点

重点练习声母d和t以及复韵母ao和iao的发音，同时加入声调的练习，为后面的训练打好基础。

语言指导

发d、t音时，舌尖须集中到一点，与上齿龈呈点对面状，接触成阻，不可用拙力；舌尖离开上齿龈的动作要干净利落，以求发音轻巧、有弹性。

5. 提灯笼

小凤提着圆灯笼，

小龙提着方灯笼。

小凤的圆灯笼上画着龙，

小龙的方灯笼上画着凤，

小凤要拿圆龙灯笼换小龙的方凤灯笼。

教学重点

重点练习后鼻音归音，例如ang、eng、ong。

语言指导

ang、eng、ong的发音都是从元音过渡到鼻辅音ng，位置稍稍靠后；发音时可增大口腔开度，使发音更加响亮。

下棋

6. 下　棋

两个老棋迷，一起来下棋。

棋迷老李要吃棋迷老齐的车，

棋迷老齐不让棋迷老李吃车。

不知棋迷李胜过棋迷齐，

还是棋迷齐胜过棋迷李。

教学重点

重点练习舌面音j、q、x的发音，达到清晰、准确的要求。

语言指导

发不圆唇元音i时要注意打开牙关，切不可咬着牙发音；嘴巴微张、放松。在实际应用中，我们应做到“窄音宽发”，将舌位稍稍后移，使口腔打开，这样才能使发音更加圆润、有立体感。

7. 柱子和树子

东村有个小柱子，割草丢了灰兔子；

西村有个小树子，玩水丢了花裤子；

柱子去找灰兔子，捡到一条花裤子；

树子去找花裤子，拾到一只灰兔子；

树子把兔子还给柱子，柱子把裤子还给树子。

教学重点

重点练习含有u音的字，发音要清晰、准确；尤其要注意“柱”“树”“兔”“裤”的区分。

语言指导

声母zh和sh同属舌尖后翘舌音，而z为平舌音；有些地区的方言平翘舌音不分，练习这条绕口令可以改善这一问题。这条绕口令难度不大，内容很有趣。表达时，语气要积极，语言要有跳跃感。

风、松、钟、弓

8. 风、松、钟、弓

走如风，站如松，

坐如钟，睡如弓。

风、松、钟、弓，

弓、钟、松、风，

连念七遍口齿清。

教学重点

这是一条简短的绕口令，但是要想不出错，让口齿清晰的人连念三遍也是有一定难度的。要想“连念七遍口齿清”，就要读好后鼻音韵母eng、ong。

语言指导

练习时要注意后鼻音韵母及声母的发音。在韵母相同的情况下，要想区分两个相近的音节，声母就一定要叼住，所以要加强对唇部力量的练习。朗诵这条绕口令，语言要有气势，充满精气神。

9. 北京和天津

天津和北京，津京两个音。

一个前鼻音，一个后鼻音。

如果分不清，请你认真听。

北京和天津

教学重点

重点进行“津”和“京”的辨音练习，主要是前后鼻音的区分。有些地区方言容易前后鼻音不分，通过这条绕口令的练习可以有效地改善这一问题。

语言指导

要想区分“津”“京”，首先，就要区分前鼻音in和后鼻音ing的归音位置，前鼻音舌尖顶住上齿龈，后鼻音舌后部隆起，舌根后缩顶住软腭。其次，要充分练习舌面的力度，两个字音的声母同为舌面音j，这导致发音时极易出现尖音，要尽量避免出现这一问题。

10. 男篮和女篮

男篮男穿蓝，女篮女穿绿。

男篮穿蓝练投篮，女篮穿绿练投篮。

男篮篮下天天练，女篮天天练投篮。

男篮女篮一起练，女绿男蓝绿和蓝。

教学重点

重点练习“男”和“篮”、“天”和“练”、“女”和“绿”以及“穿”的发音，避免咬字不清和发生混淆。

语言指导

这条绕口令需要重点区分声母l和n、韵母an和ian的发音。要加强指导学生发音的美感。发音时要打开口腔、提起颧肌，这样我们就可以体会到声音清晰、明亮、集中的效果。

11. 婆婆和嬷嬷

婆婆和嬷嬷

婆婆和嬷嬷，来到山坡坡，

婆婆默默采蘑菇，嬷嬷默默拔萝卜。

婆婆采了半簸箕（bò ji）小蘑菇，

嬷嬷拔了一笸箩（pǒ luo）大萝卜。

婆婆采了蘑菇换饽饽，嬷嬷卖了萝卜买馍馍。

教学重点

重点练习含有o音的字，如“婆”“默”“嬷”“坡”“笸”“饽”“馍”“簸”“蘑”等。

语言指导

注意发o音时要准确、到位。有些方言中o音易和e音混淆，应注意二者之间的区别。

这条绕口令有一定的故事性。学生理解绕口令的内容后，可进行声情并茂的表达。

12. 薄板和短板

薄板和短板，互相来比板。

薄板薄，短板短，

薄板要比短板薄，

短板要比薄板短。

薄板加一寸，薄板还是板薄，

短板加一尺，短板还是板短。

教学重点

重点练习“板”和“短”的“枣核形”发音。

语言指导

在语流中，ɑ音受前后音的影响，发音位置会有所变化，要避免其变化过大。练习唇部力量，使发音更利索、更清晰。

13. 青松岭

青松岭，青松顶，

青松顶停蜻蜓静。

蜻蜓静，蜻蜓停，

蜻蜓静停青松顶。

教学重点

重点练习后鼻音韵母ing的发音，同时注意声母d、t、l以及j、q的发音区别。

语言指导

发ing 时，从i过渡到ng，舌根上升，顶住软腭，口腔通路封闭。d、t、l都为舌尖中阻音，而j和q为舌面音，在发这几个音时，都需要舌头有力度、有分寸，同时，口腔要打开，给舌头提供足够的运动空间。

14. 乐山大佛

乐山有座佛，佛前流着河，
来了个老罗，赶着一群鹅，
挑着对竹箩，老罗下了河，
竹箩惊吓了鹅，鹅急坏了老罗，
乐坏了大佛。

教学重点

重点练习单韵母o和e以及复韵母uo的发音；注意区分单韵母o和复韵母uo之间的区别。

语言指导

东北地区的学生需要注意，“佛”的读音为“fó”，切不可读成“fé”。单韵母和复韵母之间的区别在于复韵母读起来唇形、舌位是有变化的，而单韵母没有。

表达这条绕口令时，要语气上扬、轻松活泼。

二、小快板

钓个月亮当皮球

1. 钓个月亮当皮球

我家住在那小山沟，
好高好高的小木楼，
好弯好弯的小石路，
好圆好圆的小竹篓，
我背竹篓采蘑菇，
小松鼠跳上我肩头。

我家住在那小山沟，
好清好清的小溪流，
好摇好摇的小吊桥，
好尖好尖的小渔舟，
我划小船来钓鱼，
钓个月亮当皮球！

教学重点

这首小快板中大量运用ABAB形式的形容词，如“好高好高”“好弯好弯”“好圆好圆”“好清好清”“好摇好摇”“好尖好尖”，它们的轻重格式为中重中重。

语言指导

表演小快板时不要求学生的语速有多快，但要求每一个字、每一个音都发得完整、清晰，有节奏、有起伏，表演生动，能感染观众。在这首小快板中，韵母ao出现的次数较多，发这个音时口腔要适当打开；发音结束时，唇形和舌位要归到o音的位置上。

2. 祖国是个大花园

小蜡笔，真好看，

红黄黑，白绿蓝……

红笔画太阳，一个圆圈圈。

蓝笔画小河，三道弯弯线。

黄笔画个小片片，那是尖尖的船。

绿笔画个大三角，那是一座山。

各种蜡笔一齐画，画个祖国大花园，

大—花—园。

教学重点

引导学生根据此首小快板的内容展开想象，以美好画面的想象带动他们积极的表达状态。

语言指导

表演这首小快板时要找好重音，在读叠词时注意吐字清晰，如“圆圈圈”“弯弯线”“小片片”“尖尖的”；吐字要圆润、饱满，不要出现吞字、漏字的现象。

可以让学生先用蜡笔画出太阳、小河、船、山等，让他们充分体验这首小快板所描述的内容，这有利于他们更加生动地将感情表达出来。

3. 中秋夜

中秋夜，亮光光，
家家户户赏月忙。
摆果饼，烧线香，
大家一起拜月亮。
分红柿，切蛋黄，
赏罢月亮入梦乡。
乘火箭，逛月宫，
看看嫦娥和吴刚。

教学重点

通过这首小快板的学习，了解中国传统节日的习俗，知道中秋节的风俗、习惯、吃食、来历、神话传说等。这首小快板表达的内容充满了美好的希望和期盼，在朗诵时，这种情感要在语气中充分体现出来。

语言指导

这首小快板简短却朗朗上口。“光”“忙”“香”“亮”“黄”“乡”“刚”等押ang韵，读这些字时，要注意后鼻音归音不要太早，即后鼻音ng的时值不要太长，归音要到位弱收。

4. 什么虫儿空中飞

什么虫儿空中飞？
什么虫儿树上叫？
什么虫儿路边爬？
什么虫儿草里跳？

漂亮蜻蜓空中飞，
夏天知了树上叫，
小小蚂蚁路边爬，
绿色蚱蜢草里跳。

教学重点

这首小快板先问后答的形式很新颖，即使将前后两段拆开来看也都是完整的小贯口，这有利于引导学生仿照同样格式创作自己的小快板；通过认识各种小昆虫，培养他们对大自然的尊重和热爱。

语言指导

这首小快板的句式很规整，整体基调明朗积极、活泼跳跃。朗读时，前一段和后一段的情感、语气要有所区别；发ao音时口腔要打开，软腭挺起；整体语气要明朗积极、活泼跳跃。

国旗多美丽

5. 国旗多美丽

国旗国旗多美丽，
天天升在朝霞里，
小朋友们爱祖国，
向着国旗敬个礼。
国旗国旗多美丽，
五颗星星照大地，
祖国前进我长大，
我向国旗敬个礼，
敬—个—礼。

教学重点

这首小快板节奏鲜明、风格清晰，语言基调昂扬向上。朗诵时要找准节奏。通过小快板的学习，帮助学生认识五星红旗，培养他们的爱国主义情怀。

语言指导

说小快板最重要的是掌握好节奏，而且要有足够的气息支撑。吐字要紧密相连、互相制约、互相作用，吐字要真、气息要足，否则字就会打不远、听不清。

第三章　诗歌

一、古诗

1. 夜书所见

〔宋〕叶绍翁

萧萧梧叶送寒声，江上秋风动客情。
知有儿童挑促织，夜深篱落一灯明。

夜书所见

译文：

瑟瑟的秋风吹动梧桐树叶，送来阵阵寒意，江上吹来秋风，使出门在外的我不禁思念起自己的家乡。看到远处篱笆下的灯火，料想是孩子们在斗蟋蟀。

注释：

见：古同“现”，出现，显露。

萧萧：风声。

客情：旅客思乡之情。

挑：挑弄、引动。

促织：俗称蟋蟀，有的地区叫蛐蛐。

篱落：篱笆。

教学重点

语速较缓，把每个字音按“枣核形”的方法发饱满；注意字头叼住弹出、字腹连开立起、字尾到位弱收。

语言指导

诗中多次出现含有o音的字，例如“萧”“秋”“有”“挑”“落”。发这类字音时，要注意归音到位。

本诗借景抒情，描写了诗人触景引发的思乡之情。前两句应满含思念、忧伤的情绪；第三句运用了反衬的手法，语气稍加放松；最后一句依然落在深沉思乡的愁绪之中。

2. 九月九日忆山东兄弟

〔唐〕王维

独在异乡为异客，每逢佳节倍思亲。

遥知兄弟登高处，遍插茱萸少一人。

九月九日忆山东兄弟

译文：

我独自一人在异乡，每到佳节就加倍思念亲人。我知道在那遥远的家乡，兄弟们一定在登高望远；他们都插着茱萸，就为少了我而感到遗憾、伤心。

注释：

九月九日：指农历九月初九重阳节。重阳节又叫老人节。

忆：想念。

山东：指华山以东，今山西，作者的家乡山西祁县就在这一带。

异乡：他乡、外乡。

为异客：做他乡的客人。

登高：古有重阳节登高的风俗。

茱萸（zhū yú）：一种香草。古时重阳节人们插戴茱萸，据说可以避邪。

教学重点

这首诗融情于景，要求学生体会诗歌所承载的感情，激发学生对亲情的表达。

语言指导

诗中多次出现含有i的音，例如“异”“遥”“萸”“一”。发音时，舌面挺起的位置要准确，挺起部位尽量靠近舌尖且集中于舌中纵线上。如果挺起偏后，发音会显得“拙”。“独”“异”“倍”都须着力；“独”“倍”“少”字可适当延长，以突出思乡情切。

3. 望天门山

〔唐〕李白

望天门山

天门中断楚江开，碧水东流至此回。

两岸青山相对出，孤帆一片日边来。

译文：

高高的天门山被长江之水拦腰劈开，碧绿的江水东流到此回旋澎湃。两岸的青山相对耸立、巍峨险峻，一叶孤舟从天地之间慢慢飘来。

注释：

天门山：位于安徽省和县与芜湖市长江两岸，在江北的叫西梁山，在江南的叫东梁山。两山隔江对峙，形同天设的门户，所以叫“天门”。

中断：指东西两山之间被水隔开。

楚江：即长江。古代长江中游地带属楚国，所以叫楚江。

开：劈开，断开。

至此：意为东流的江水在这里转向北流。

回：转变方向。

两岸青山：指东梁山和西梁山。

出：突出，出现。

日边来：指孤舟从天水相接处的远方驶来，好像来自天边。

教学重点

注意气息的稳定和通畅，声音洪亮、吐字饱满。体会古诗的意境及特点，激发学生热爱大自然、热爱祖国山河的感情。通过本诗的学习，体会语言张力大小的对比。

语言指导

朗读过程中需要注意前鼻音的发音，例如“天（tiān）”“门（mén）”“断（duàn）”“岸（àn）”“山（shān）”“片（piàn）”这类音在发音结尾时，舌尖抵住上齿龈，舌头其他部位都不要隆起，否则音会归在前后鼻音之间，形成错误发音。

诗歌整体基调舒展豪放。第一句“天门”以夸张的高音起篇，将高远雄浑的景象表现出来。第二句“流”字延长并适当扬起；“此”字是本句的地点，要有把视线拉到近景的感觉。第三句强调“出”字，增加诗的动感。最后一句体现广阔的景象、大气的情怀，“日”“边”两字延长拉开，并有结束感。

4. 春　日

〔宋〕朱熹

春日

胜日寻芳泗水滨，无边光景一时新。

等闲识得东风面，万紫千红总是春。

译文：

风和日丽游春在泗水之滨，无边无际的风光焕然一新。谁都可以看出春天的面貌，春风吹得百花开放、万紫千红，到处都是春天的景致。

注释：

春日：春天。

胜日：指春光明媚的好日子。

寻芳：春游赏花。

泗水：水的名字，在山东省中部，源于泗水县，流入淮河。

滨：水边；河边。

光景：风光景物。

等闲：平常；轻易。

东风：春风。

教学重点

充分感受春日的美好景象，感受诗人寻芳的愉快心情。

语言指导

zh、ch、sh、r为舌尖后音，舌尖与齿龈后部接触构成阻碍，除阻后成音。舌尖后音又叫翘舌音，有的方言平翘舌音不分，故应注意区分该诗中的平翘舌音，并发音准确、到位。

本诗整体基调为赞美春天的美丽，表达万象更新、生机勃勃的景象。

5. 乞　巧

〔唐〕林杰

七夕今宵看碧霄，牵牛织女渡河桥。

家家乞巧望秋月，穿尽红丝几万条。

译文：

一年一度的七夕节又来到了，牵牛织女再度横渡喜鹊桥来相会。家家户户的人们纷纷情不自禁地抬头仰望浩瀚的天空，挨家挨户的巧手女子都穿起红丝，至少有几万条。

注释：

乞巧：古代节日，在农历七月初七，又名“七夕”“乞巧节”。

教学重点

这首诗中的舌立面音较多，注意它们的发音要准确、到位，适度练习舌面的力度。

教师为学生讲述“乞巧”的含义，以及牛郎织女的神话故事。

语言指导

这首诗的前两句讲述牛郎织女的故事，语气适当放缓，“渡”字拉长，表现出牛郎织女的离情别怨。后两句讲民间的“乞巧”习俗，语气应有所变化，“望”也适当延长，但应语气上扬，表现七夕节的愉悦氛围以及人们对幸福的期盼。

嫦娥

6. 嫦　娥

〔唐〕李商隐

云母屏风烛影深，长河渐落晓星沉。

嫦娥应悔偷灵药，碧海青天夜夜心。

译文：

透过装饰着云母的屏风，烛影渐渐暗淡下去。银河也在静静地消失，晨星沉没在黎明的曙光里。月宫的嫦娥恐怕在后悔偷了后羿的长生不老药，只有那青天碧海夜夜陪伴着她一颗孤独的心。

注释：

嫦娥：古代神话中的月中仙女，江苏人。《淮南子·览冥训》：“羿请不死之药于西王母，姮娥窃以奔月。”

云母屏风：嵌着云母石的屏风。此言嫦娥在月宫居室中独处。夜晚，唯烛影、屏风和她相伴。

长河句：银河逐渐向西倾斜，晓星也将隐没，又一个孤独的夜过去了。

碧海：《十洲记》云，“扶桑在东海之东岸，岸直，陆行登岸一万里，东复有碧海。海广狭浩汗，与东海等。水既不咸苦，正作碧色，甘香味美。”

教学重点

了解诗中蕴含的民间典故和传说，体会诗中丰富的想象，并能用自己的话讲述嫦娥奔月的故事。

语言指导

前两句描绘孤寂的难眠之夜，语气缓慢低沉，“深”字延长，加强“孤独”的气氛。后两句直接点出嫦娥，直抒胸臆，语调可适当提高，一方面表达嫦娥的追悔莫及，另一方面自嘲文人的清高孤寂，因此，语气中略带有自嘲而又不甘心流于世俗的矛盾心情，既无可奈何又高洁孤寂。这样的微妙情感对学生来说，可能不容易理解，教师可尽量通过举例或讲述古代文人雅士的故事来引导他们。

7. 鹿　柴

〔唐〕王维

空山不见人，
但闻人语响。
返景入深林，
复照青苔上。

译文：

幽静的山谷里看不见人，只能听到那说话的声音。落日的影晕映入了山林深处，又照在青苔上，景色宜人。

注释：

鹿柴（zhài）：“柴”同“寨”，栅栏。此为地名。

但：只。

闻：听见。

返景：夕阳返照的光。“景”古时同“影”。

照：照耀着。

教学重点

这首诗描绘了山林的幽静，表达了诗人在山林深处与大自然融为一体的美妙感受。吟诵时，要展开想象体会作者的情感，吐字发音要准确、到位。

语言指导

本诗整体基调寂静清幽，吟诵时声音不必太大，语速宜放缓。尤其是最后一句的“青苔上”发音要拉长，“上”字可适当上扬，带虚声，增加耐人寻味的感觉。

竹里馆

8. 竹里馆

〔唐〕王维

独坐幽篁里，弹琴复长啸。

深林人不知，明月来相照。

译文：

独自坐在幽深的竹林里，一边弹琴一边吹口哨。深林中没有人知晓我在此处，只有天上的明月来与我相伴。

注释：

竹里馆：辋川别墅胜景之一，房屋周围有竹林，故得此名。

幽篁（huáng）：幽深的竹林。

啸（xiào）：嘬口发出长而清脆的声音。

深林：指“幽篁”。

相照：与“独坐”相应。意思是说，左右无人相伴，唯有明月似解人意，偏来相照。

教学重点

本诗描绘了山林深处的幽静。通过本诗，使学生体会作者与世无争的心态。

语言指导

发ao时，为了快速过渡到后高o的舌位上，a需要发成后低舌位；同时，双唇由开拢成小圆形。朗诵时，咬字无须过于用力，气息也无须过深，力求表现出清新、幽静、自然的情绪。

听弹琴

9. 听弹琴

〔唐〕刘长卿

泠泠七弦上，静听松风寒。

古调虽自爱，今人多不弹。

译文：

七弦琴奏出的曲调悠扬起伏，静听就像那滚滚的松涛声。我虽然很喜爱这古时曲调，可惜现在的人多已不弹。

注释：

泠（líng）泠：形容清凉、清淡，也形容声音清越。

松风：以风入松林暗示琴声凄凉。琴曲中有《风入松》的调名。

教学重点

作者借古调受冷遇来抒发自己怀才不遇和知音难觅的遗憾。教师可给学生普及一些古琴的基本知识。

语言指导

以ng结尾的韵母叫作后鼻音韵母。在发这类音的过程中，舌根要后收抬起或直接抬起接触软腭，阻塞气流，但动作不能过快，否则会导致后鼻音收音过早、后鼻音成分过多，使字音变形。此首诗的前两句描述古琴的特点，语气平和，“松”“风”“寒”表现古琴声音的特点，发音时可强调，适当拉长。后两句议论，一语双关，语气孤芳自赏而又略带失落。

10. 登乐游原

〔唐〕李商隐

向晚意不适，驱车登古原。

夕阳无限好，只是近黄昏。

登乐游原

译文：

我在傍晚时分心情郁闷，于是驱车来到京都长安城东南的乐游原。只见夕阳放射出迷人的余晖，然而这一切美景将转瞬即逝，不久就会被那夜幕所笼罩。

注释：

乐游原：在长安城南，地势较高。《长安志》云“升平坊东北隅，汉乐游庙。”注云“汉宣帝所立，因乐游苑为名。在曲江北面高原上，余址尚有。其地居京城之最高，四望宽敞。京城之内，俯视指掌。”

意不适：心情不舒畅。

古原：即乐游原，是长安附近的名胜，在今陕西省长安以南八百里的地方。

教学重点

联想现实生活中夕阳西下的景色，体会诗中深邃的意境。

语言指导

第一句“适”字拉长，表明当时郁闷的心情。第二句“登”字提高，表达用登高来驱散不适的心情。第三句可适当放大音量，表达惊叹于眼前的美景的感受。“只是近黄昏”，声音略收，可用陶醉的感觉表达，也可用叹息的语气表达。

二、现代诗

看巧云

1. 看巧云

张寿彭

八月，看巧云。

小伙伴，躺在田野里，

面向蓝天在冥想。

白云像天鹅，红云像奔马，

黑云像妖怪，紫云更可怕……

我们躺在田野里，

一双双小脚丫，伸向天空。

我们就像一架架飞机，

准备着，向童话世界起飞。

教学重点

这是一首充满想象的诗，表达了儿童看云时的美好心情。朗诵时，口腔要打开，尤其牙关要开，颧肌要提起，否则咬字会紧，美好的心情就不易体现出来。

语言指导

本诗整体基调欢愉、快乐。诗歌中间部分出现四个比喻句，要读出不同颜色的云与想象出的形象之间的区别，白色应饱含赞美的语气，红色应有气势，黑色可用假装恐怖的虚声，紫云一句应突出“更”字，但要注意的是：这些形象可都是小伙伴们冥想出来的哦！

2. 银色的雨

李昆纯

勇敢地从天上跃下，
一丝丝，一颗颗，
喜了翠苗，醉了花朵。
圈圈、圈圈，涟漪四扩，
江河在笑，旋起一个个酒窝。
向着大海，
小溪奔泻着，唱一路春歌。
野菌却怕被淋湿一身，
撑起一柄柄小伞，
躲在小小的角落。

教学重点

教师要帮助学生理解诗歌，分出诗歌的层次。诗歌的前后两部分分别描写了下雨前后不同的情形，一种是大自然中的各种角色十分欢喜，另一种是小蘑菇怕被雨淋湿躲在角落。两种心情、两种情感形成鲜明对比，要求学生充分体会并在朗诵时表达出来。

语言指导

诗歌中多次出现ABB形式的叠词，如“一丝丝”“一颗颗”“一个个”“一柄柄”。朗诵时注意后面两个叠字要吐字清晰，不要有吞字、滚字的情况出现。

3. 作业机

〔美〕谢尔·希尔弗斯坦

作业机，哦，作业机，
世界上最完美的机器。

只要把作业放进去，
再投进一角硬币，
按下按钮，等上十秒钟，
你的作业就会出来啦，
又干净，又整齐。

来看看——
“9+4=？”
答案是“3”？
“3”？
哦，我的天！
看来它没有我想的那么神奇。

教学重点

激发孩子的想象，用夸张、充满感情的语言朗诵，充分展现语言的感染力。

语言指导

有台作业机是大多数孩子们的梦想。在朗诵这首小诗时，一定要情感饱满，表现出使用作业机之前的期待、欣喜以及使用之后的惊讶和失望的情感变化，可以稍带夸张，并且在语气上一定要富有变化。

风

4. 风

风啊，你真奇怪。

有人说你好，有人说你坏。

如果我是风，

春天，送风筝去找云彩；

夏天，给人们送去凉快；

秋天，把谷穗染得金黄；

冬天，到山沟里藏起来。

嘿！像我这样的风啊，

只有人说好，没有人说坏。

教学重点

风是我们生活中随处可见的自然现象。通过本首诗的学习，倡导学生用眼睛去发现、用心灵去感受身边的美好事物以及所有事物美好的一面，学会多角度看待问题、思考问题。

语言指导

朗诵时要注意诗中“好”与“坏”的语气上的对比。中间部分关于“春夏秋冬”的四个排比句，注意情感的处理要恰当：前三句在情感上一句比一句饱满，并且语调逐渐上扬，到第四句时语调虽说下降但仍要保持住情感，要读出“藏起来”的感觉。“嘿”的处理多种多样，可骄傲、可顽皮，也可表现出自大的感觉，要发挥学生的创造力，尝试更多的表达方式。

白天鹅

5. 白天鹅

金　波

从天上飘来一朵白云，
落在湖心，
那是一只白天鹅，
它在等谁？

从天上飘来一朵白云，
落在湖心，
还是一只白天鹅，
它在等谁？

两只白天鹅游在一起，
像爸爸妈妈那样相亲相爱；
我愿变成一只小天鹅，
紧紧跟随着他们。

教学重点

了解天鹅的习性、特点与象征意义。东西方不约而同地把白色的天鹅作为纯洁、忠诚、高贵的象征，因此在语言表达时要表现出天鹅的象征意义。

语言指导

雌雄天鹅结成终身配偶，如果一只死亡，另一只则为之“守节”，终身单独生活。这首诗可让学生理解忠诚的意义，语言优美，充满着崇敬与向往之情。

诗歌前两段的内容大致相同，但是在表达上要体现出区别，第一段“从天上飘来一朵白云”，可用中等的语调，语气优美。第二段“从天上飘来一朵白云”，语调可适当提高，带着惊奇与兴奋。老师可以安排一男一女两位同学搭配朗诵。

放假了

6. 放假了

舒　兰

放假了，
小花朵们都跑出来了。
有的喜欢爬山，
有的喜欢玩水。
只要她们到哪里，
哪里就漂亮起来了。

放假了，
小星星们也都跑出来了。
有的在黑森林里捉迷藏，
有的去银河游泳。
只要他们到哪里，
哪里便热闹起来了。

教学重点

理解诗歌隐藏的比喻意义：用小花朵比喻漂亮的小姑娘，用小星星比喻调皮的小男孩。在朗诵时，用恰当的语言进行表达。

语言指导

这是一首充满童趣的小诗。朗诵时根据诗歌内容和所要表达的情感来找准重音。在语句中，重音不是一成不变的，由于目的、背景不同，重音位置也会有所改变。这首诗整体基调快乐、兴奋。教师可以引导学生展开联想，比如说说放假了，同学们都会做些什么？

7. 眼　睛

金　本

在洁白洁白的纸上
我画下一双眼睛
这双眼睛
充满了阳光
充满了星星
充满了鲜花
它，永远不会流泪
为了让这双眼睛
永远充满阳光
充满星星
充满鲜花

我在心中
画下了另外一双眼睛
这双眼睛
没有见过阳光
没有见过星星

没有见过鲜花
它，流干了所有的眼泪

在洁白洁白的纸上
我画下了一双眼睛

教学重点

理解诗歌表达的意义：纸上的眼睛是正常人的眼睛，它是快乐的；心中的眼睛是盲人的眼睛。这首诗体现了作者对盲人的同情和一颗善良、有爱的心。通过诗歌学习，引导学生要有一颗善良的心，去关心、关爱身边需要帮助的人。

语言指导

在朗诵整首诗时，语气要有所变化：表达纸上的眼睛时，语气中要充满想象与憧憬；表达心中的眼睛时，语气中满含同情与惋惜。

几种树

8. 几种树

叶圣陶

杨树直挺几丈高，
柳树倒挂细枝条。
银杏叶子像扇子，
香椿叶子像羽毛。
桃树杏树开花早，
马缨开花春夏交。
松树柏树常年绿，
枫叶秋来红叶飘。

教学重点

了解不同树木的特点。根据诗中的比喻展开充分的想象，提高语言的表现力。

语言指导

这是一首极其押韵的小诗，押“遥条韵”，即韵母为ao或iao，如“高”“条”“毛”“早”“交”“飘”发ao或iao音时注意发音圆润、饱满，唇舌力量要集中。

9. 春　天

穆　旦

春天是人间的保姆，
带领一切到秋天成熟，
劝服你用温暖的阳光，
用风和雨，使土地重复。
林间的群鸟于是吹叫，
村外的小河也开始忙碌。

教学重点

用心体会春天的美好。

加强吐字张力的对比。

语言指导

注意在朗诵发音时吐字清晰、感情饱满。这首诗语言优美恬静、充满感情。可以根据内容描写加以想象，感受春天的美好，让学生心中拥有一幅“春日图”。

10. 雨　后

冰　心

雨后

嫩绿的树梢儿闪着金光，
广场上成了一片海洋！
水里一群赤脚的孩子，
快乐得好像神仙一样。

小哥哥使劲地踩着水，
把水花儿溅起比我高。
他喊：“妹妹，小心，滑！”
说着自己就滑了一跤！

他拍拍水淋淋的泥裤子，
嘴里说：“糟糕——糟糕！”
而他通红欢喜的脸上，
却放射出兴奋和骄傲。

小妹妹撅着两条短粗的小辫儿，
紧紧地跟在泥裤子后面，
她咬着唇儿，提着裙儿，轻轻地小心地跑，
心里却希望自己
也这么痛快地摔一跤！

教学重点

充分体会诗中孩子的感觉，了解冰心的创作风格与特点，以及她的教育理念，让每个学生学习“做一个有教养的、乐观的、英勇刚毅的社会主义建设者”。

语言指导

这是一首描写童稚举止、心态的诗，也是一支充溢着儿童情趣的欢乐的歌。这首诗的文采、格调相较于作者冰心其他被誉为“冰心体”的诗作，迥然相异。熟读诗歌，体会诗中两个孩子的性格特点以及情感，形象、准确地展现出角色的形象：小朋友们看到水的兴奋，迫不及待地跳进去踩水；哥哥关心妹妹，自己却摔了一跤；表现哥哥时语言爽朗、幽默，而妹妹胆小、谨慎，但内心也很顽皮。注意读好诗中的儿化音。

第四章　弟子规（节选）

谨

朝起早　夜眠迟　老易至　惜此时

晨必盥　兼漱口　便溺回　辄净手

冠必正　纽必结　袜与履　俱紧切

置冠服　有定位　勿乱顿　致污秽

衣贵洁　不贵华　上循分　下称家

对饮食　勿拣择　食适可　勿过则

年方少　勿饮酒　饮酒醉　最为丑

步从容　立端正　揖深圆　拜恭敬

勿践阈　勿跛倚　勿箕踞　勿摇髀

缓揭帘　勿有声　宽转弯　勿触棱

执虚器　如执盈　入虚室　如有人

事勿忙　忙多错　勿畏难　勿轻略

斗闹场 绝勿近 邪僻事 绝勿问

将入门 问孰存 将上堂 声必扬

人问谁 对以名 吾与我 不分明

用人物 须明求 倘不问 即为偷

借人物 及时还 后有急 借不难

第五章　故事

盘古开天地

1. 盘古开天地

很久很久以前，天和地还没有分开，宇宙混沌一片。有个叫盘古的巨人，在这混沌之中，一直睡了十万八千年。

有一天，盘古忽然醒了。他见周围一片漆黑，就抡起大斧头，朝眼前的黑暗猛劈过去。只听一声巨响，混沌一片的东西渐渐分开了。轻而清的东西，缓缓上升，变成了天；重而浊的东西，慢慢下降，变成了地。

天地分开以后，盘古怕它们还会合在一起，就头顶着天，用脚使劲蹬着地。天每天升高一丈，地每天下沉一丈，盘古也随着越长越高。这样不知过了多少年，天和地逐渐成形了，盘古也累得倒了下去。

盘古倒下后，他的身体发生了巨大的变化。他呼出的气息，变成了四季的风和飘动的云；他发出的声音，化作了隆隆的雷声；他的双眼变成了太阳和月亮；他的四肢，变成了大地上的东、西、南、北四极；他的肌肤，变成了辽阔的大地；他的血液，变成了奔流不息的江河；他的汗毛，变成了茂盛的花草树木；他的汗水，变成了滋润万物的雨露……

人类的老祖宗盘古，用他的整个身体创造了美丽的宇宙。

教学目标

能够掌握字头、字腹、字尾的吐字要求，做到出字有力，叼住弹出；立字饱满，拉开立起；弱收到位，趋势鲜明。通过故事中生动优美的语言，体会盘古高大、雄伟的形象，赞美其敢于献身的奉献精神。

语言指导

文中多次出现含有u的音节，例如“混沌”“逐”“浊”“抡”“缓”“化”等。发单韵母u时，双唇拢成小圆形；而发复合韵母un、uo、uan、ua时，唇形则需要根据情况而有所变化。

这个故事基本都是讲述或描述的语气，节奏较为均衡，在平和的语气中表达崇敬与赞美。

2. 和时间赛跑

读小学的时候，我的外祖母去世了。外祖母生前最疼爱我。我无法排除自己的忧伤，每天在学校的操场上一圈一圈地跑，跑得累倒在地上，扑在草坪上痛哭。

那哀痛的日子持续了很久，爸爸妈妈也不知道如何安慰我。他们知道与其欺骗我说外祖母睡着了，还不如对我说实话：外祖母永远不会回来了。

“什么是永远不会回来了呢？”我问。

“所有时间里的事物，都永远不会回来了。你的昨天过去了，它就永远变成昨天，你再也不能回到昨天了。爸爸以前和你一样小，现在再也不能回到你这么小的童年了。有一天你会长大，你也会像外祖母一样老，有一天你度过了你的所有时间，也会像外祖母永远不能回来了。”爸爸说。

爸爸等于给我说了一个谜，这个谜比“一寸光阴一寸金，寸金难买寸光阴”还让我感到可怕，比“光阴似箭，日月如梭”更让我有一种说不出的滋味。

以后，我每天放学回家，在庭院里看着太阳一寸一寸地沉进了山头，就知道一天真的过完了。虽然明天还会有新的太阳，但永远不会有今天的太阳了。

我看到鸟儿飞到天空，它们飞得多快呀。明天它们再飞过同样的路线，也永远不是今天了。或许明天再飞过这条路线的，不是老鸟，而是小鸟了。

时间过得飞快，使我的小心眼里不只是着急，还有悲伤。有一天我放学回家，看到太阳快落山了，就下决心说："我要比太阳更快地回家。"我狂奔回去，站在庭院里喘气的时候，看到太阳还露着半边脸，我高兴地跳起来。那一天我跑赢了太阳。以后我常做这样的游戏，有时和太阳赛跑，有时和西北风比赛，有时一个暑假的作业，我十天就做完了。那时我三年级，常把哥哥五年级的作业拿来做。每一次比赛胜过时间，我就快乐得不知道怎么形容。

后来的二十年里，我因此受益无穷。虽然我知道人永远跑不过时间，但是可以比原来跑快一步，如果加把劲，有时可以快好几步。那几步虽然很小很小，用途却很大很大。

如果将来我有什么要教给我的孩子，我会告诉他：假若你一直和时间赛跑，你就可以成功。

教学目标

对学生进行生命教育，让他们正确认识生命与死亡，体会时间的意义，形成珍惜时间的价值观念和情感态度。引导学生搜集、积累有关珍惜时间的名言、谚语。

语言指导

让学生深刻地理解故事的意义。用第一人称讲述时语气要平稳，跟随故事中感情的变化而变化，但要收敛，以讲述为主，不能太过夸张。在表达对话时，语言可以更为形象，语气更加生动。

3. 老爷爷的帽子

老爷爷的帽子

冬天到了，北风呼呼地吹，天气很冷。有一只小鸟没有家，它在树枝上冷得直发抖。

一位老爷爷走来了，他看见小鸟冷得直发抖，心想：这只小鸟多可怜呀，这么冷的天，它一定会冻死的。小鸟看见老爷爷，说：“风把我的鸟窝吹走了，我没有家了，冻得直发抖。”老爷爷说：“别着急，我来帮你想办法。”老爷爷就把自己的帽子给小鸟做窝，老爷爷的帽子真暖和。

小鸟想：树林里还有许多怕冷的小鸟，它们也一定冷得发抖了，快把它们叫来。

于是，小鸟们都飞进了老爷爷的帽子。老爷爷的帽子真暖和，它们非常感谢老爷爷，高兴地唱歌给老爷爷听。

以后，老爷爷天天来看小鸟，听小鸟唱歌，小鸟们非常高兴。

可是，有一天，老爷爷没有来，原来他生病了。小鸟知道了这个消息，心想：一定是老爷爷把帽子给了我们，自己着凉了，我们快给老爷爷做顶帽子吧。小鸟们就用自己身上的羽毛做成一顶帽子送给了老爷爷。老爷爷非常感谢小鸟。

过了几天，老爷爷的病就好了。

教学目标

理解故事内容，体会老爷爷与小鸟相互关心、相互帮助的美好情感。激发学生的同情心，理解被人关心和帮助他人的内心感受。

语言指导

“鸟”的字头要出字有力，叼住弹出。“鸟”“到”发ao时，为了快速过渡到后高o的舌位上，ɑ音变为后低舌位。在此过程中，常出现口腔打不开的问题，影响字音的饱满、清晰。

朗诵时，要区分老爷爷与小鸟的语言特点，力求故事表达生动、活泼。

4. 女娲补天

女娲补天

自从女娲创造了人类，大地上到处是欢歌笑语，人们一直过着快乐幸福的生活。不知过了多少年，一天夜里，女娲突然被一阵“轰隆隆”的巨大的响声震醒了。她急忙起床，跑到外面一看，天哪，太可怕了！远远的天空塌下一大块，露出一个黑黑的大窟窿。地也被震裂了，出现了一道道深沟。山冈上燃烧着熊熊大火，许多人被火围困在山顶上。田野里到处是洪水，许多人在水里挣扎。

看到这些，女娲难过极了。她立刻去找雨神，求他下一场雨，把天火熄灭。又造了许多小船，救出挣扎在洪水中的人们。

不久，天火熄灭了，洪水中的人们被救上来了。可是，天上的大窟窿还在冒火。女娲决定冒着生命危险，把天补上。于是，她跑到山上，寻找补天用的五彩石。她原以为这种石头很多，用不着费多大力气。可是，到山上一看，全是一些零零星星的小块。她忙了几天几夜，找到了红、黄、蓝、白四种颜色的石头，还缺少一种纯青石。于是，她又找啊找啊，终于在一眼清清的泉水中找到了。

五彩石找齐了。女娲先在地上挖个圆坑，把五彩石放在里面，用神火进行冶炼。炼了五天五夜，五彩石化成了很稠的液体。女娲把它装在一个大盆里，端到天边，对准那个大黑窟窿，往上一泼，只见金光四射，大窟窿立刻补好了。

现在，人们常常看见天边五彩的云霞，传说那就是女娲补天的地方。

教学目标

生动形象地讲述故事，学习女娲冒着生命危险拯救人类的勇敢精神和崇高品质。

语言指导

讲述此故事时，应语气积极，情感充沛。心理描写和动作描写部分可适当夸张，充分把女娲的焦急、勇敢表现出来。

5. 牛顿爱读书的故事

牛顿爱读书的故事

世界上有许多著名科学家的家境是很清贫的。他们在通往成功的道路上，都曾经与困苦的境遇作过顽强的斗争。著名科学家牛顿少年时代的家境就是十分令人同情的。

牛顿一六四二年出生在英国的一个普通农民家庭里。在牛顿出生前不久，他的父亲就去世了。母亲在他两岁那年改嫁了。当牛顿十四岁的时候，他的继父不幸去世了，母亲回到乡下，牛顿被迫休学回家，帮助母亲种田过日子。母亲想培养他独立谋生，要他经商做买卖。

一个勤奋好学的孩子多么不愿意离开心爱的学校啊！他伤心地哭闹了多次，母亲始终没有回心转意，最后只得违心地按母亲的意愿去经商。每天一大早，他跟一个老仆人到十几里外的镇子上做买卖。牛顿非常不喜欢经商，把一切事务都交给老仆人经办，自己却偷偷跑到一个安静的地方去读书。一天，他正在篱笆下兴致勃勃地读书，赶巧被过路的舅舅看见。舅舅一看这个情景，很是生气，大声责骂他不务正业；把牛顿的书抢了过来。舅舅一看他所读的是数学书，上面画着种种记号，心里受到感动。舅舅一把抱住牛顿，激动地说：“孩子，就按你的志向发展吧，你的正道应该是读书。”

回到家里后，舅舅竭力劝说牛顿的母亲，让牛顿弃商就学。在舅舅的帮助下，牛顿如愿以偿地复学了。正是从这个时候开始，牛顿走上了科学家的道路。

教学目标

引导学生认识牛顿这位著名的科学家，学习牛顿爱读书的好品质，感谢父母给予自己良好的学习环境和生活环境。

教学目标

当字头为“n”“j”时，如“牛”“舅”，要做到字头出字有力，叼住弹出。

体会牛顿想读书又不能读书的心情，在讲到辍学经商时要带着委屈与无奈的语气。

6. 井底之蛙

井底之蛙

住在水井中的一只青蛙对来自东海的大海龟夸耀说："我生活在这里真快乐呀！我高兴时，就跳到井外面，趴在栏杆上，尽情地蹦跳玩耍。玩累了，就回到水井中，躲在井壁的窟窿里，舒舒服服地休息。跳进水里时，井水仅仅浸没我的两腋，轻轻地托住下巴；稀泥刚刚没过双脚，软软的很舒适。看看周围的那些小虾呀、螃蟹呀、蝌蚪呀，谁也没有我快乐。而且我独占一口井，尽情地享受其中的乐趣，这样的生活真是美极了。大海龟！大海龟！你为什么不进来看一看呢？"

大海龟接受了井底之蛙的邀请，准备到井里去看看，但是井口太小，它无论如何都进不去。只好站在井旁边给青蛙讲述海的奇观："大海最显著的特征是广阔。一眼望去海天一色，没有丝毫界线。每到昼夜之交，便看到万般星辰升起颓落，普天之下，唯有头顶的苍穹可与之媲美。而她为何广阔？究其根本，乃是江河汇于海，湖川聚于海，'海纳百川，有容乃大'。"

井蛙听了，吃惊得好半天也没有说出话来。它这才知道自己生活的地方是多么渺小。这个故事告诉我们，人如果长期把自己束缚在一个狭小的天地里，就会变得目光短浅，自满自足。

教学目标

理解故事的寓意：人不能目光短浅，自满自足。区分青蛙与大海龟的语言特色。

语言指导

青蛙的语言自满又自夸，大海龟在描述大海时语言沉稳而充满力量，在讲述时应准确区分二者的不同。在故事最后点明寓意时，语言要客观，有规劝与自省的意味。

第六章 声乐

1. 每当我走过老师的窗前

1=D $\frac{2}{4}$

中速 稍快

金 哲 作词
董希哲 作曲

每当我走过老师的窗前

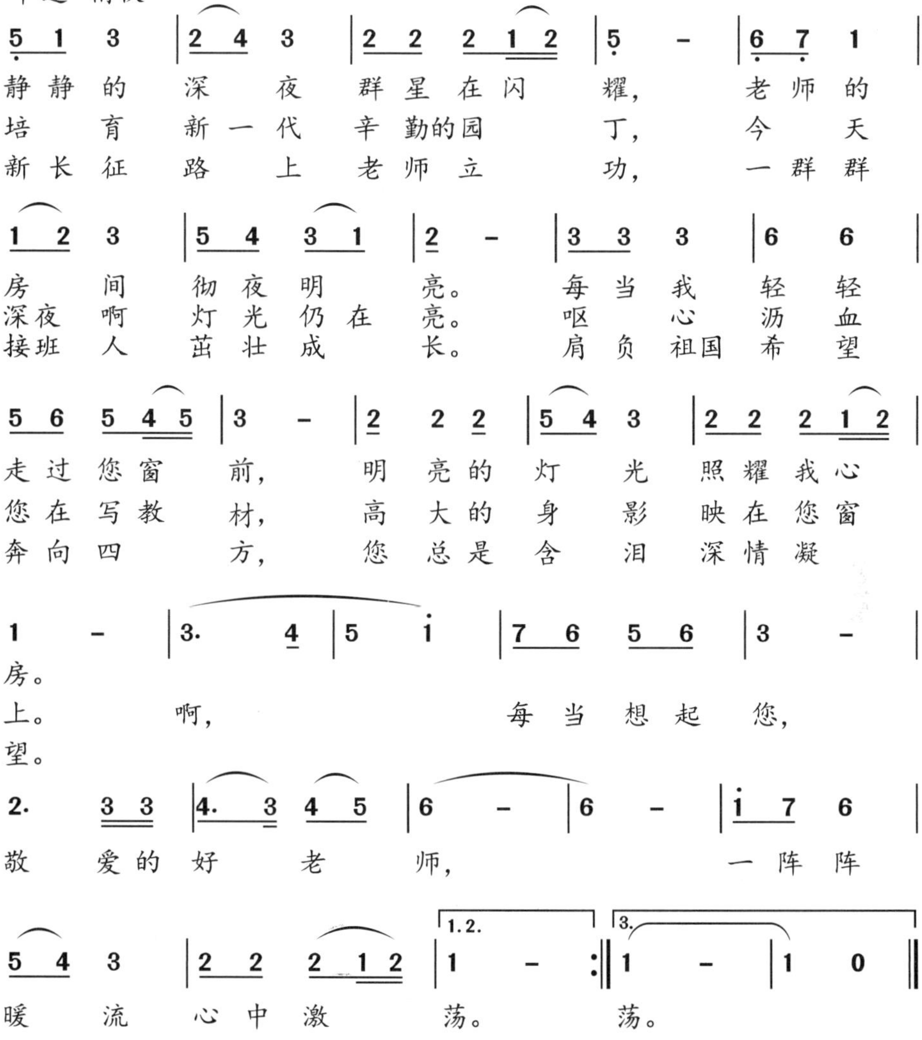

教学目标

（1）能够用自然、柔美的声音，有感情地演唱歌曲。做到以情带声，声情并茂，避免喊唱。

（2）学习反复记号的演唱顺序，对前八后十六的节奏进行练习。

（3）通过欣赏、学唱歌曲，能够理解并表达对老师的崇敬之情。

2. 剪羊毛

剪羊毛

澳大利亚民歌
杨忠杰 译词
杨忠信 配歌

1=C $\frac{2}{4}$

小快板 愉快、活泼地

教学目标

(1) 用轻快而富有弹性的声音有感情地演唱歌曲，感受歌曲欢快活泼的情绪。

(2) 感受附点节奏及休止符赋予歌曲欢快跳跃的情绪及其表现作用，在歌唱中准确地把握附点八分节奏，区别节奏的不同感觉。

(3) 使学生了解澳大利亚牧民的劳动生活，懂得“只有努力劳动才能换取幸福的生活”的道理。

雨花石

3. 雨花石

（电视剧《红红的雨花石》主题曲）

1=C $\frac{2}{4}$

中速 深情地

肖仁 徐家察 作词

龚耀年 作曲

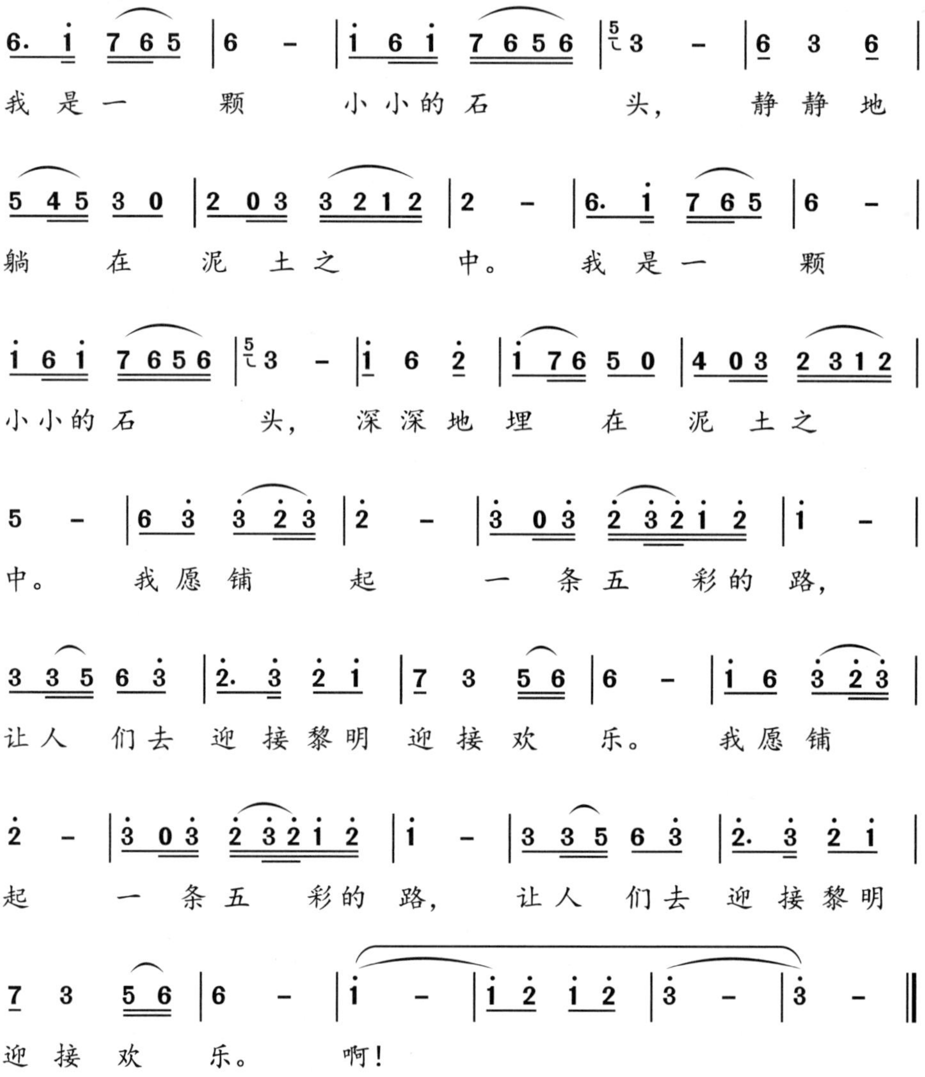

教学目标

（1）通过学习歌曲，了解歌曲中倚音的应用，能用深情的歌声表达歌曲的情感。

（2）学唱歌曲《雨花石》，把握好相似乐句、倚音、休止符的演唱与运用。

（3）通过学习歌曲，让学生牢记革命传统，懂得今天的幸福生活来之不易，要好好珍惜。

4. 铃儿响叮当

1=G $\frac{4}{4}$

〔美〕彼尔彭特 词曲

小快板

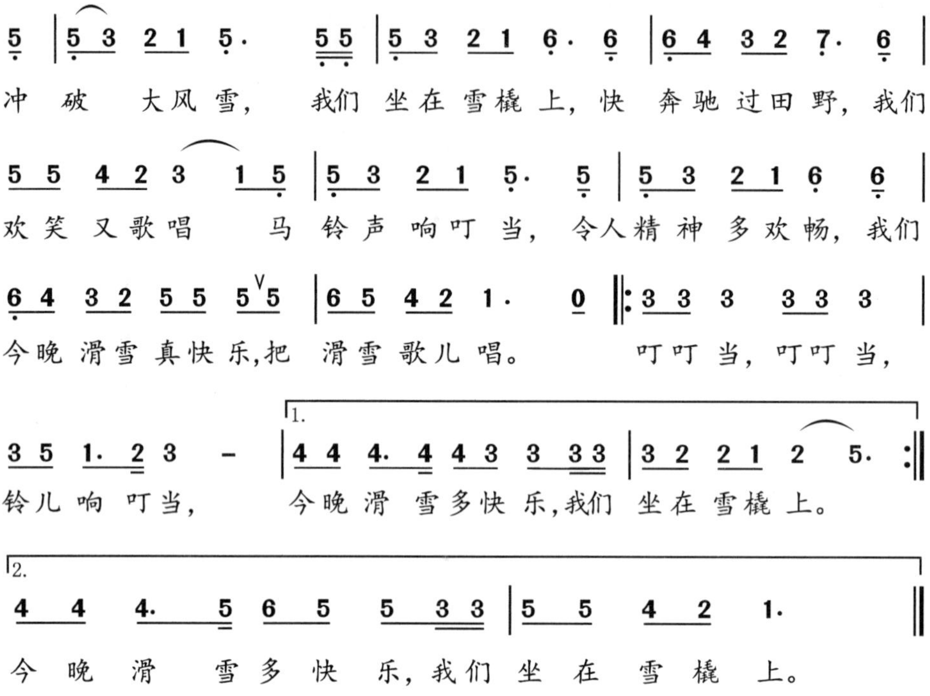

教学目标

（1）用轻快而富有弹性的声音有感情地演唱歌曲。

（2）能够正确地演唱四分附点音符和八分附点音符。

（3）体会歌曲中对大自然的赞美，进一步激发学生对大自然的热爱与歌颂。

5. 桔梗谣

朝鲜民歌
李云英 译词
屠咸若 配歌

桔梗谣

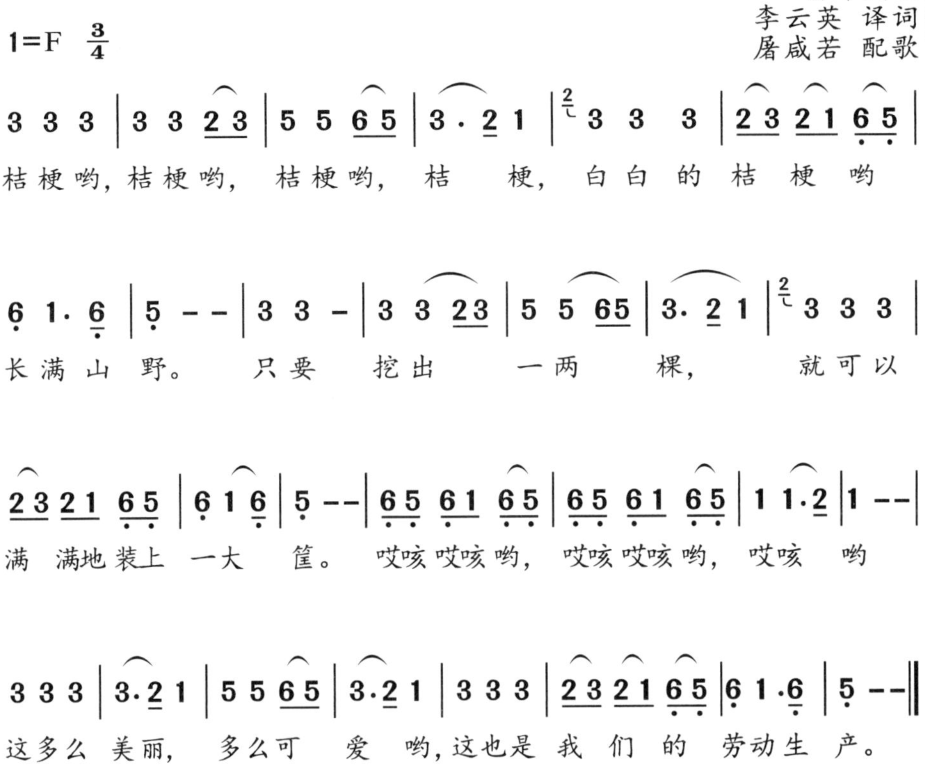

教学目标

（1）用自然的声音有感情地演唱歌曲，体会四三拍歌曲的韵律美。

（2）学习并能正确地演唱歌曲中的附点节奏和一字多音。

（3）了解朝鲜族的风土人情，感受其能歌善舞的民族特点，增强学生对中华民族大家庭的热爱。

6. 红河谷

红河谷

1=F $\frac{4}{4}$

加拿大民歌

教学目标

（1）用自然、舒展的声音，有感情地演唱歌曲。

（2）学习歌曲中弱起（不完整小节）和同音连线的演唱方法。

（3）了解歌曲背景，体会歌曲的深情，感受歌曲朴实无华、感情真挚而深沉的风格。

第七章　舞蹈与形体

拥有良好的形体气质是作为一个小主持人的重要素质之一。学龄期儿童的身体非常容易形成一些不良的体态，如驼背、内八字等。如果在儿童时期就接受舞蹈形体训练，可以在学业和专业两方面均获得丰收，促进儿童德、智、体的全面发展。

少儿芭蕾舞形体训练1　舞蹈基本功

训练 1

少儿芭蕾舞形体训练2　舞蹈基本功

训练 2

少儿芭蕾舞形体训练3　舞蹈基本功

训练 3

我是小小兵（重心移动练习）

我是小小兵

图书在版编目(CIP)数据

语言艺术素质测评教程(第5册)/中国传媒大学凤凰学院编著.
—北京:中国传媒大学出版社,2016.8 (2017.11重印)
ISBN 978-7-5657-1573-0

Ⅰ.①语… Ⅱ.①中… Ⅲ.①语言艺术—儿童教育—教材
Ⅳ.①H019

中国版本图书馆CIP数据核字(2016)第316656号

语言艺术素质测评教程(第5册)
YUYAN YISHU SUZHI CEPING JIAOCHENG(DI-WU CE)

编　著	中国传媒大学凤凰学院
责任编辑	李水仙　李　明
责任印制	阳金洲
封面制作	泰博瑞国际文化传媒
出 版 人	王巧林
出版发行	中国传媒大学出版社
社　址	北京市朝阳区定福庄东街1号　邮编:100024
电　话	86—10—65450528　65450532　传真:65779405
网　址	http://www.cucp.com.cn
经　销	全国新华书店
印　刷	北京中科印刷有限公司
开　本	787mm×1092mm　1/16
印　张	6.75
版　次	2016年8月第1版　　2017年11月第2次印刷
书　号	ISBN 978-7-5657-1573-0/H·1573　**定　价** 35.00元

绿色印刷 保护环境 爱护健康

亲爱的读者朋友:

本书已入选“北京市绿色印刷工程——优秀出版物绿色印刷示范项目”。它采用绿色印刷标准印制,在封底印有“绿色印刷产品”标志。

按照国家环境标准(HJ2503-2011)《环境标志产品技术要求印刷 第一部分:平版印刷》,本书选用环保型纸张、油墨、胶水等原辅材料,生产过程注重节能减排,印刷产品符合人体健康要求。

选择绿色印刷图书,畅享环保健康阅读!

北京市绿色印刷工程